EL CEO EN TIKTOK

EL CEO EN TIKTOK

8 SECRETOS PARA EL ÉXITO DEL MARKETING CON TIKTOK

POR LOSVANIA PEREYRA

EL CEO EN TIKTOK
©Losvania Pereyra 2024 All rights reserved
Kindle direct publishing
2024 Editions: Kindle e-book, paperback, Hardcover

DEDICATORIA

Este libro está dedicado a todos aquellos que valoran los negocios en linea, y reconocen la importancia de un buen negocio y lo comparte para alcanzar una vida plena en cuanto a su economía. Que estas páginas te inspiren a entender y mejorar tu relación con la red de tiktok, y que encuentres en ellas herramientas prácticas para transformar tu vida.

AGRADECIMIENTO

Primero y sobre todas las cosas, deseo expresar mi más profundo agradecimiento a Dios, fuente de toda sabiduría y guía en cada paso de este viaje. Con humildad y gratitud, reconozco Su bondad y provisión, permitiéndome compartir este conocimiento sobre el sueño y el bienestar. Su amor incondicional ha sido mi fortaleza, inspiración y consuelo durante la creación de este libro.

A mis queridos lectores, les extiendo mi más sincero agradecimiento por su interés y dedicación. Este libro es un testimonio de nuestro compromiso compartido con la salud y el bienestar. Vuestra confianza y apoyo han sido el motor que me ha impulsado a explorar y presentar ideas sobre cómo mejorar nuestro descanso y, por ende, nuestras vidas.

Agradezco a cada uno de ustedes por acompañarme en este viaje de descubrimiento y aprendizaje. Vuestras preguntas, comentarios y reflexiones han enriquecido profundamente este trabajo. Cada interacción ha sido una oportunidad para crecer y mejorar, y estoy sinceramente agradecido por su contribución a este proceso.

Agradezco también a mi familia y amigos por su amor, paciencia y aliento incondicional a lo largo de este viaje. Vuestra presencia constante y apoyo han sido un faro de luz en los momentos de desafío y celebración. Sin su apoyo, este libro no habría sido posible, y por eso les estoy eternamente agradecido.

Finalmente, quiero agradecer a todos los que han colaborado directa o indirectamente en la realización de este libro. A los expertos, editores, y equipos de producción que han aportado su experiencia y dedicación para llevar este proyecto a buen término. Su compromiso y profesionalismo han sido fundamentales para dar vida a estas páginas.

Con todo mi corazón, agradezco a Dios y a ustedes, mis queridos lectores, por hacer posible este libro. Que cada página sea una fuente de inspiración y conocimiento para mejorar nuestra salud y bienestar. Que podamos seguir creciendo juntos en nuestro viaje hacia una vida más plena y satisfactoria.

Índice

INTRODUCCIÓN

CAPITULO 1: TIKTOK ATRAE A UNA GENERACIÓN MÁS JOVEN

CAPITULO 2: CONFIGURAR UN PERFIL ATRACTIVO

CAPITULO 3: COMIENCE A INTERACTUAR CON OTROS USUARIOS

CAPITULO 4: PUBLICAR EL TIPO ADECUADO DE CONTENIDO DE VIDEO

CAPITULO 5: PLANIFICA TU CONTENIDO

*CAPITULO 6: PODER
DEL HASHTAG*

*CAPITULO 7: UTILICE
LAS ESTRATEGIAS DE
MARKETING ADECUADAS*

*CAPITULO 8: UTILIZAR
ANÁLISIS DE TIKTOK*

*SECRETOS Y ESTRATEGIAS
PARA AUMENTAR TUS
SEGUIDORES EN TIKTOK*

*CONCLUSIONES Y
RECOMENDACIONES FINALES*

RESEÑA DE AUTOR

INTRODUCCIÓN

TikTok es una plataforma de redes sociales bastante nueva. Ha experimentado un crecimiento significativo en los últimos dos años y ahora tiene alrededor de 500 millones de usuarios activos por día. Ha crecido en popularidad en los mercados internacionales, incluido Estados Unidos. Algunos especialistas en marketing han tenido mucho éxito con la plataforma, mientras que muchos otros han fracasado.

En este informe te compartiremos los 8 secretos para el éxito del marketing con TikTok. Si lees este informe y sigues los consejos que contiene, tendrás muchas más posibilidades de obtener los resultados que deseas.

Así que lea este breve informe de principio a fin y tome medidas para crear una presencia ganadora en TikTok. Tienes que entender de qué se trata TikTok y a quién le gusta y por qué. Todo está aquí para ti, así que vamos a ello.

TikTok es una plataforma de redes sociales que permite a los usuarios crear, compartir y descubrir videos cortos. Fue lanzada en 2016 por la empresa china ByteDance y ha ganado una popularidad increíblemente rápida a nivel global. Aquí tienes una introducción a TikTok:

CARACTERÍSTICAS PRINCIPALES

1. **Videos cortos**: Los usuarios pueden crear y compartir videos de entre 15 segundos y 3 minutos de duración. Los videos suelen estar acompañados de música, efectos especiales y filtros.

2. **Interfaz fácil de usar**: La aplicación tiene una interfaz muy intuitiva que permite a los usuarios editar y mejorar sus videos con herramientas integradas.

3. **Algoritmo personalizado**: El algoritmo de TikTok es muy efectivo para personalizar el contenido que se muestra a cada usuario en la página "Para ti" (For You Page). Este algoritmo se basa en las interacciones del usuario, como los likes, comentarios y el tiempo que pasan viendo ciertos tipos de videos.

4. **Desafíos y tendencias**: Una parte importante de la cultura de TikTok son los desafíos y tendencias virales, en los que los usuarios participan creando videos con un tema específico, utilizando hashtags y música

popular.

5. **Herramientas de música**: TikTok permite a los usuarios agregar música y sonidos a sus videos fácilmente, y tiene acuerdos con muchas discográficas para utilizar canciones populares legalmente.

6. **Interacción social**: Los usuarios pueden interactuar con otros a través de comentarios, "me gusta", compartiendo videos y colaborando en contenidos mediante funciones como el "dueto" y el "stitch".

COMUNIDAD Y CONTENIDO

- **Diversidad de contenido**: TikTok alberga una gran variedad de contenido, desde bailes y comedia hasta tutoriales de maquillaje, consejos de estilo de vida, recetas de cocina y mucho más.
- **Creador de contenido**: Cualquiera puede ser creador de contenido en TikTok. La barrera de entrada es baja, lo que ha permitido a muchas personas comunes convertirse en influenciadores.

INFLUENCIA Y ALCANCE

- **Popularidad global**: TikTok ha sido descargado más de 2 mil millones de veces a nivel mundial y tiene cientos de millones de usuarios activos mensuales.
- **Influencia cultural**: TikTok ha tenido un impacto significativo en la cultura popular, popularizando canciones, bailes y memes que luego se extienden a otras plataformas y medios.

SEGURIDAD Y PRIVACIDAD

- **Medidas de seguridad**: TikTok ha implementado diversas medidas de seguridad y privacidad, especialmente para proteger a los usuarios más jóvenes. Esto incluye herramientas de control parental, modos de privacidad para cuentas, y restricciones de contenido.

NEGOCIOS Y MONETIZACIÓN

- **Publicidad y marketing**: Muchas marcas utilizan TikTok para llegar a su audiencia a través de publicidad y campañas de marketing influyente.
- **Programas de monetización**: TikTok ofrece programas para que los creadores de contenido puedan ganar dinero a través de donaciones de fans, patrocinios y el Fondo para Creadores.

TikTok se ha convertido en una plataforma esencial para la cultura digital moderna, influenciando tendencias y proporcionando un espacio para la creatividad y la autoexpresión.

CAPITULO 1

TIKTOK ATRAE A UNA GENERACIÓN MÁS JOVEN

Lo primero que debes preguntarte es si los productos y servicios que vendes van a atraer a los jóvenes de la Generación Z. Estamos hablando de individuos más jóvenes de menos de 30 años.

No solo eso, sino que TikTok es un medio visual que consta de videoclips cortos de 15 o 60 segundos de duración. ¿Es una buena opción para tu negocio? ¿Quieres dedicar tiempo a crear estos videos cortos?

Los especialistas en marketing a los que les va bien en TikTok tienen productos visualmente atractivos. Alternativamente, crean videos que muestran sus productos siendo utilizados de una manera visualmente atractiva. Esto es vital para el éxito de TikTok, ya que los usuarios quieren entretenerse. No quieren ver videos de productos aburridos que no son divertidos.

La música juega un papel importante en la plataforma. La mayoría de los videos en TikTok tienen música de fondo. Esto es fácil de agregar a tus videos, ya que TikTok tiene una galería de clips de sonido entre la que puedes elegir. Entonces, en lugar de crear videos que contengan muchas conversaciones, debe agregar una buena música de fondo.

Las marcas exitosas en TikTok tienen un ambiente moderno. Esto es importante para apelar a la imagen de "niño genial" que tiene la plataforma. ¿Puede tu empresa crear una persona así? ¿Quieres hacer esto?

Al final del día, TikTok se trata de diversión. Cuando puedes vincular la diversión con tu marca en TikTok, entonces tienes una receta para el éxito. Tus videos serán compartidos y podrían volverse virales.

CARACTERÍSTICAS QUE ATRAEN A LOS JÓVENES

1. **Formato de videos cortos**: Los videos de corta duración son ideales para la atención limitada de la generación más joven, que prefieren contenido rápido y conciso.
2. **Interfaz intuitiva**: La aplicación es fácil de usar y muy visual, lo que facilita la creación y el consumo de contenido sin una curva de aprendizaje empinada.
3. **Personalización del contenido**: El algoritmo de TikTok es muy efectivo para mostrar contenido relevante y atractivo para cada usuario, lo que mantiene a los jóvenes enganchados.
4. **Creatividad y autoexpresión**: TikTok ofrece herramientas de edición, filtros, efectos especiales y una biblioteca extensa de música que permiten a los jóvenes expresarse de manera creativa.
5. **Desafíos y tendencias**: Los desafíos virales y

las tendencias son extremadamente populares entre los jóvenes. Participar en estos desafíos puede hacer que los usuarios se sientan parte de una comunidad global.

6. **Interacción social**: TikTok facilita la interacción a través de comentarios, "me gusta", compartición de videos, duetos y "stitch", creando un entorno social atractivo para los jóvenes.

Influencia cultural y social
1. **Impacto en la cultura popular**: Muchas tendencias, memes y canciones populares en TikTok influyen en la cultura más amplia, lo que hace que la plataforma sea un lugar donde los jóvenes quieren estar para mantenerse al día con lo que es "cool" y relevante.
2. **Oportunidades para la fama**: TikTok ofrece a los jóvenes la oportunidad de volverse

virales y ganar seguidores rápidamente, lo que puede llevar a oportunidades de carrera como influenciadores y creadores de contenido.
3. **Diversidad de contenido**: Los jóvenes pueden encontrar contenido sobre casi cualquier tema que les interese, desde tutoriales de maquillaje y consejos de moda hasta videojuegos, deportes y activismo social.

Consideraciones de seguridad

Aunque TikTok es muy popular entre los jóvenes, también es importante tener en cuenta las consideraciones de seguridad y privacidad:

1. **Controles parentales**: TikTok ofrece herramientas de control parental que permiten a los padres monitorear y restringir el contenido que sus hijos pueden ver y crear.
2. **Configuraciones de privacidad**: Los usuarios pueden ajustar la configuración de privacidad para controlar quién puede ver y comentar en

sus videos.

3. **Protección contra el acoso**: TikTok ha implementado medidas para combatir el acoso y el contenido inapropiado, incluyendo herramientas para reportar y bloquear usuarios.

En resumen, TikTok atrae a la generación más joven debido a su formato dinámico, herramientas creativas, interacción social y relevancia cultural, proporcionando un espacio donde pueden expresarse y conectarse con otros de manera divertida y significativa.

CAPITULO 2

2 CONFIGURAR UN PERFIL ATRACTIVO

Tener éxito en TikTok se trata de captar la atención de su base de usuarios. Tener un buen nombre de perfil que refleje tu marca es un paso en la dirección correcta. En tu perfil, tienes la oportunidad de contarle a los usuarios de TikTok de qué se trata tu marca, así que asegúrate de aprovechar esta oportunidad con ambas manos.

Debes escribir una descripción que atraiga a los usuarios. Una descripción aburrida hará que se vayan más rápido que cualquier otra cosa. Haz que tu perfil sea divertido y atractivo. Muéstrales a los usuarios que eres parte de la vibra de "niño genial" y que les brindarás contenido entretenido.

Cuando esté configurando su perfil, conviértalo en una cuenta Pro. Esto es gratis y el principal beneficio de esto es que tendrá acceso a las analíticas de TikTok que le mostrarán qué tan bien le está yendo a su perfil y a sus publicaciones individuales en la plataforma.

CAPITULO 3

COMIENCE A INTERACTUAR CON OTROS USUARIOS

Nadie va a quedar impresionado con un perfil en TikTok que no tiene seguidores. Una de las mejores maneras de ganar seguidores es comenzar por seguir a otros. Dedica tiempo a buscar videos en TikTok y, si te gustan, sigue al usuario.

Es probable que haya otros usuarios de TikTok en tu nicho, así que empieza a seguirlos. De las personas a las que sigues, un porcentaje de ellas te seguirá. Intenta encontrar usuarios de TikTok que tengan muchos seguidores y síguelos. Cuando haga esto, asegúrese de agregar buenos comentarios en algunas de sus publicaciones de video.

Esto te ayudará a iniciar una relación con estas personas. Apreciarán tus comentarios y seguro que revisarán tu perfil y tus vídeos. Puede utilizar sus relaciones con aquellos que tienen un gran número de seguidores trabajando con ellos para correr la voz sobre su marca.

Para comenzar a interactuar con otros usuarios en TikTok, sigue estos pasos básicos:

1. Crear una cuenta

- **Descargar la aplicación**: Descarga TikTok desde la App Store (iOS) o Google Play Store (Android).
- **Registrarse**: Crea una cuenta usando tu correo electrónico, número de teléfono o vinculando una cuenta existente de Facebook, Google, o Twitter.

2. Explorar contenido

- **Página "Para ti" (For You Page)**: Esta es la página principal donde TikTok muestra videos personalizados basados en tus intereses y comportamiento en la aplicación.
- **Página "Siguiendo"**: Aquí puedes ver los videos de los usuarios que sigues.

3. Interactuar con videos

- **Me gusta (Like)**: Toca el corazón en el video para darle un "me gusta".
- **Comentar**: Escribe comentarios en los videos para interactuar con los creadores.
- **Compartir**: Comparte videos con tus amigos a través de mensajes directos en TikTok o en otras plataformas de redes sociales.

4. Seguir a otros usuarios

- **Seguir usuarios**: Si te gusta el contenido de un usuario, toca el botón "Seguir" en su perfil para ver más de sus videos en tu página "Siguiendo".
- **Explorar perfiles**: Visita los perfiles de otros usuarios para ver más de su contenido y decidir si quieres seguirlos.

5. Crear y compartir tu propio contenido

- **Grabar videos**: Usa la cámara de TikTok para grabar videos. Puedes agregar música, efectos y filtros antes de publicar.
- **Participar en desafíos**: Únete a los desafíos populares usando hashtags específicos y crea tus propios videos relacionados.
- **Duetos y "stitch"**: Colabora con otros usuarios usando las funciones de dueto y "stitch" para crear contenido conjunto.

6. Usar hashtags y tendencias

- **Hashtags**: Usa hashtags relevantes en tus publicaciones para aumentar la visibilidad y unirte a conversaciones más amplias.
- **Tendencias**: Mantente al día con las tendencias actuales y crea contenido relacionado para atraer más vistas y seguidores.

7. Participar en transmisiones en vivo

- **Transmisiones en vivo**: Los creadores pueden hacer transmisiones en vivo para interactuar en tiempo real con sus seguidores. Puedes unirte a estas transmisiones, comentar y enviar regalos virtuales.

8. Interactuar a través de mensajes directos

- **Mensajes directos (DMs)**: Puedes enviar mensajes directos a otros usuarios para comunicarte de manera más privada.

9. Colaborar con otros creadores

- **Colaboraciones**: Conéctate con otros creadores para hacer videos colaborativos, lo cual puede ayudarte a aumentar tu audiencia y crear contenido más atractivo.

Consejos adicionales

- **Sé auténtico**: La autenticidad es clave en TikTok. Los usuarios tienden a conectar más con contenido genuino y auténtico.
- **Mantén la consistencia**: Publicar regularmente y mantener una presencia activa puede ayudarte a ganar seguidores y mantener a tu audiencia comprometida.
- **Respeta las normas de la comunidad**: Asegúrate de seguir las reglas y políticas de TikTok para evitar problemas y mantener una experiencia positiva en la plataforma.

Siguiendo estos pasos, podrás empezar a interactuar de manera efectiva con otros usuarios en TikTok y disfrutar de todo lo que la plataforma tiene para ofrecer.

CAPITULO 4

PUBLICAR EL TIPO ADECUADO DE CONTENIDO DE VIDEO

Hay diferentes tipos de videos en TikTok y algunos son más populares que otros. Lo que todos los videos exitosos tienen en común es que son divertidos y entretenidos para los usuarios. No encontrará ninguna presentación de diapositivas y videos de narración exitosos en esta plataforma porque eso es demasiado aburrido para la audiencia.

Los videos musicales son muy populares. TikTok adquirió la plataforma Musical.ly que se dedicaba a publicar videos de sincronización de labios para canciones famosas. Así que no te sorprenderá que los mini vídeos musicales e incluso los vídeos de montaje musical sean realmente populares.

Muchos de los videos más populares en TikTok tienen un elemento de comedia. Hacer reír a la gente siempre está en demanda. Hay algunos videos de comedia realmente creativos en la plataforma y siempre obtienen una buena respuesta.

De acuerdo, no es tan fácil hacer videos divertidos, pero si te esfuerzas, serás recompensado con un montón de corazones (me gusta) y muchos seguidores. Piensa en una situación divertida que involucre a tu marca y crea un video corto con música de fondo adecuada y podrías tener la próxima publicación viral en tus manos.

Una de las mejores cosas de la plataforma TikTok es la cantidad de efectos especiales que puedes usar en tus videos. Por ejemplo, si desea acelerar un video o ralentizarlo, puede hacerlo fácilmente.

Hay algunos filtros faciales excelentes disponibles y otros efectos que realmente pueden hacer que tus videos se destaquen. No estás tratando de crear un éxito de taquilla de Hollywood aquí. Simplemente aprenda sobre todos los efectos y úselos con la mayor frecuencia posible.

Otra característica innovadora de TikTok es la función Dúo. Aquí puede usar otro video y crear un nuevo video para que quede "uno al lado del otro". El video de reacción es popular en TikTok. Aquí es donde una persona reacciona al video de otra persona.

Con un dúo lado a lado realmente puedes expresar tus sentimientos y a los usuarios de TikTok les encanta ver esto. La función Dúo fue muy popular en la plataforma Musical.ly y sigue siéndolo en TikTok. Así que averigüe cómo usar la función Dúo y úsela en su marketing.

A los usuarios de TikTok les encantan los retos. Por lo tanto, puede proporcionarles un video de desafío especial. Un desafío debe ser algo en lo que un usuario quiera participar y tener un grado de dificultad para que realmente sea un desafío.

Uno de los mejores ejemplos de esto es el #tumbleweedchallenge publicado por Jimmy Fallon del Tonight Show. Pidió a los usuarios de TikTok que se tiraran al suelo y rodaran como una planta rodadora en un lugar público. Esto fue tan popular que hubo más de 8,000 videos creados por los usuarios y el hashtag obtuvo más de 10 millones de interacciones.

CAPITULO
5

PLANIFICA TU CONTENIDO

Con TikTok puedes grabar un video "sobre la marcha" y luego publicarlo de inmediato. Algunos de estos funcionan bastante bien, pero la mayoría de ellos no. Te recomendamos que planifiques el contenido que publicarás en la plataforma. Incluso un video de 15 segundos necesita un poco de reflexión antes de crearlo y publicarlo.

Cuando pienses en el contenido que agregarás a tu cuenta de TikTok, siempre concéntrate en la participación. Una vez que comiences a crear videos atractivos que a los usuarios de TikTok realmente les gusten, solo querrán más y más de ti.

Realmente necesitas ser consistente con tus publicaciones de video de TikTok. Muchos especialistas en marketing cometen el error de publicar una tonelada de contenido en las primeras 2 o 3 semanas y luego se quedan sin ideas y no publican nada durante mucho tiempo. Es muy fácil que te olviden por completo en la plataforma, incluso si tus videos iniciales fueron realmente geniales.

Piensa en la frecuencia con la que estás preparado para crear videos y publicarlos en TikTok. Si es semanal para empezar, quédate con eso. Si comienzas a publicar a diario, tus seguidores esperarán que se te ocurra un nuevo video todos los días. Así que no los decepciones y gestiona las expectativas desde el principio.

Le recomendamos que pruebe la plataforma TikTok durante, digamos, 3 meses para ver si es adecuada para su negocio. Tienes que comprometerte en ese tiempo y subir los mejores vídeos que puedas de forma regular. Si desea continuar después de este tiempo, cree un horario para la creación y publicación de su video y cúmplalo.

Nunca subestimes el poder de los hashtags en TikTok. Sí, también son importantes en otras plataformas de redes sociales, pero en TikTok, el hashtag correcto puede significar literalmente la diferencia entre el éxito y el fracaso.

Siempre debes usar los hashtags correctos en todas tus publicaciones de video. Es una buena idea categorizar tu contenido en TikTok, así que usa hashtags con buen efecto aquí también. Debes usar hashtags que expliquen de qué se trata tu video.

Cuando usas los hashtags correctos, obtendrás más exposición y me gusta (corazones) en TikTok. Al usar un hashtag que explique a los usuarios correctamente de qué se trata su video y confirmarlo con su video, aumentará sus niveles de confianza. Nunca utilices hashtags irrelevantes o engañosos en la plataforma.

CAPITULO 6

PODER DEL HASHTAG

Hay muchos usuarios de TikTok que buscan tipos específicos de contenido. Los hashtags son una forma de encontrar el contenido que desean. Si tus hashtags son relevantes y tus videos son buenos, entonces aumentarás tus seguidores.

Tienes varias formas diferentes de encontrar los mejores hashtags. El primero de ellos es conocer realmente a tu público. Si sabes que una proporción de ellos siguen hashtags específicos en TikTok, entonces usa estos también. Si solo usas hashtags aleatorios, tu audiencia no lo apreciará.

Una vez que sepas lo que realmente quiere tu audiencia, puedes dárselo en tus videos y usar los hashtags correctos para ayudarlos a encontrar tu contenido. Una vez que hayas acumulado seguidores y tengas una fuerte conexión con tu audiencia, puedes empezar a utilizar hashtags personalizados que se relacionen específicamente con tu marca.

Hay influencers en TikTok que tienen millones de seguidores. ¿Qué hashtags utilizan? Es importante que te tomes el tiempo para aprender de estos influencers. Obviamente saben lo que están haciendo, de lo contrario no tendrían una audiencia tan grande.

Echa un vistazo de cerca a los hashtags que usan los influencers y las tendencias en las que se basan. Mire sus publicaciones más populares e identifique los hashtags aquí. También puedes mirar algunas de sus publicaciones que no funcionaron muy bien para que puedas evitar cometer los mismos errores.

Si tienes competidores que están teniendo éxito con TikTok, echa un vistazo también a sus hashtags. Probablemente van a usar los mismos hashtags con sus publicaciones, por lo que será bastante fácil para ti detectar esto.

No estamos sugiriendo que deba copiar a sus competidores aquí. Simplemente investigue lo que funciona para ellos y vea cómo esto puede inspirarlo a elegir los hashtags correctos para sus publicaciones de video.

Hay dos buenas herramientas que puedes utilizar para encontrar buenos hashtags para tu cuenta de TikTok. El primero de ellos es Seekmetrics. Hay una interfaz fácil de usar con esta herramienta y puede usar la función de búsqueda para descubrir ideas de hashtags para sus publicaciones.

Todo lo que necesita hacer es escribir palabras clave relacionadas con su marca y productos y automáticamente recibirá sugerencias. La otra herramienta que realiza una función similar es All Hashtag.

CAPITULO 7

UTILICE LAS ESTRATEGIAS DE MARKETING ADECUADAS

El uso de las estrategias de marketing adecuadas con TikTok es crucial para su éxito. Creemos que hay 3 formas principales en las que puedes comercializar tu negocio en TikTok, que son:

1. Creas tu propio canal de marca y subes videos relevantes para tu nicho
2. Puedes identificar y trabajar con influencers en TikTok para aumentar tu alcance en la plataforma
3. Puedes anunciarte en TikTok

Los especialistas en marketing más experimentados utilizan una combinación de estos métodos para lograr el éxito.

Una de las mejores estrategias de marketing en TikTok es el reto del hashtag. Ya hemos mencionado esto anteriormente y lo discutiremos aquí nuevamente porque realmente puede funcionar bien para usted.

Tienes que idear un reto que motive a los usuarios de TikTok a participar y que tenga cierto grado de dificultad. Nunca agregues un desafío de hashtag que sea tan fácil que todos puedan hacerlo. No es un reto entonces, ¿verdad?

También es importante que crees un hashtag memorable para tu reto. Tiene que estar relacionado con el reto y ser algo que la gente recuerde fácilmente. Cuando pienses en tu reto, debes centrarte en cómo será algo divertido de hacer y en cómo se relacionará con tu marca al mismo tiempo.

Los mejores retos ofrecen flexibilidad al usuario. Esto significa que pueden tener sus propias ideas sobre cómo completar el desafío. Nunca proporcione instrucciones precisas sobre cómo completar un desafío. Simplemente brinde a los usuarios lo básico y deje que propongan sus propias soluciones.

Te hemos dicho que la función Dúo es muy popular, así que piensa en cómo puedes usarla a tu favor. Desea crear un video al que muchas personas quieran reaccionar creando sus propios videos y usando la función Dúo. Aquí hay algunas sugerencias para videos de dúo:

Los usuarios pueden mantener una conversación con tu vídeo

Los usuarios pueden cantar al ritmo de tu vídeo

Los usuarios pueden chocar los cinco

Los usuarios pueden terminar sus oraciones

Las posibilidades son casi infinitas aquí. Así que piense, porque a los usuarios de TikTok les gusta mucho la función Dúo, y si se le ocurren algunas buenas ideas, obtendrá una tonelada de participación a través de estas.

Una excelente manera de correr la voz sobre su marca y sus productos es usar influencers de TikTok. Ahora te resultará mucho más fácil identificar a los buenos influencers en TikTok, ya que la plataforma es bastante nueva.

Hay influencers de TikTok que ya tienen millones de seguidores. Cuando busques al influencer adecuado, piensa siempre en la autenticidad. ¿Son una buena opción para tu marca? Si un influencer no cree que tu marca sea una buena opción para él, te rechazará en TikTok. En otras plataformas, es posible que no lo hagan.

Dile a tu influencer que quieres que muestre tu producto de alguna manera. Deje que descubran la mejor manera de hacer esto y cree algunos videos entre los que puede elegir. Nunca intentes imponer tus pensamientos para los videos a un influencer de TikTok.

Haz que tu misión sea construir una comunidad en TikTok. No te limites a crear un reto de hashtag y luego dejarlo así. Piensa en el tono que quieres crear en torno a tu marca y construye tu comunidad en torno a esto.

Una de las estrategias más efectivas con TikTok es animar a los usuarios a crear su propio contenido. Los desafíos de hashtags hacen esto, al igual que las oportunidades de dúo. Los usuarios de TikTok quieren participar e involucrarse. Así que piensa en cómo puedes darles la oportunidad de participar en torno a tu marca.

Su objetivo con el contenido generado por el usuario es alentar a los usuarios a los que les gusta y se conectan con su marca a crear y compartir videos de ellos mismos usando o interactuando con sus productos de alguna manera. Cuando puedas lograr esto, obtendrás una tonelada de compromiso.

Una vez que hayas creado videos y los hayas publicado en TikTok, publícalos también en tus otros canales de redes sociales. Ahora mismo, las recopilaciones de vídeos de TikTok son muy populares en YouTube, por ejemplo.

Estos funcionarán bien en Facebook y otras plataformas también.

CAPITULO 8

UTILIZAR ANÁLISIS DE TIKTOK

Es muy importante que entiendas el rendimiento de tu perfil de TikTok. Además, necesita saber cuáles de sus videos tienen el mejor rendimiento y cuáles tienen un rendimiento inferior. Hay una manera fácil de hacer esto utilizando los análisis integrados en la plataforma TikTok.

Puedes profundizar con las analíticas de TikTok para ver métricas útiles para cada una de tus publicaciones de vídeo. Esto es útil para evaluar si el contenido era bueno o no, si usaste los hashtags correctos, etc.

Luego están sus seguidores. ¿Está creciendo o disminuyendo? ¿De dónde son tus seguidores? Las analíticas de TikTok te mostrarán todo esto. Te dirá de qué países son tus seguidores en forma porcentual. Puedes usar esta información para ver cómo los seguidores de ciertos países resuenan con tu contenido.

Con la sección Content Insights, puede obtener la información más completa sobre todas sus publicaciones de video. Puedes ver cuántos de tus vídeos fueron tendencia en la página "Para ti", por ejemplo, y cuál fue el resultado de esto en términos de vistas y me gusta.

Esta es la información que puede obtener en cada una de sus publicaciones de video:

Total de corazones (me gusta) para la publicación

Total de comentarios para la publicación

Total de compartidos de la publicación

Tiempo total de reproducción de video

Total de visualizaciones de vídeo

El tiempo medio de visualización

Fuentes de tráfico

Territorios de audiencia

Con Total de corazones (me gusta) para la publicación

Total de comentarios para la publicación

Total de compartidos de la publicación

Tiempo total de reproducción de video

Total de visualizaciones de vídeo

El tiempo medio de visualización

Fuentes de tráfico

Territorios de audiencia

Con las analíticas de TikTok puedes ver lo que ha sucedido en tu cuenta durante un periodo de 7 o 28 días. Cuando examinas el rendimiento de tu perfil, puedes calcular cuánto tiempo tardan los usuarios nuevos en tu contenido en seguirte en promedio. Esto hará que la predicción de los resultados de campañas de marketing específicas sea mucho más fácil.

SECRETOS Y ESTRATEGIAS PARA AUMENTAR TUS SEGUIDORES EN TIKTOK:

1. Crea contenido atractivo y de alta calidad

- **Buena iluminación**: Asegúrate de que tus videos tengan buena iluminación para que se vean más profesionales.
- **Sonido claro**: Utiliza música y sonidos claros y de buena calidad.
- **Edición creativa**: Aprovecha las herramientas de edición de TikTok para hacer que tus videos sean visualmente atractivos.

2. Publica con regularidad

- **Consistencia**: Publica contenido regularmente para mantener a tus seguidores comprometidos y atraer a nuevos seguidores.
- **Horarios óptimos**: Publica durante las horas pico cuando la mayoría de los usuarios están activos. Esto varía, pero generalmente se recomienda publicar en la tarde y en la noche.

3. Participa en tendencias y desafíos

- **Usa hashtags populares**: Participa en desafíos populares y usa hashtags relevantes para aumentar la visibilidad de tus videos.
- **Sé rápido**: Únete a las tendencias tan pronto como aparezcan para aprovechar su popularidad.

4. Engagement con tu audiencia

- **Responde a comentarios**: Interactúa con tus seguidores respondiendo a sus comentarios y preguntas.
- **Agradece a tus seguidores**: Agradece a tus seguidores por su apoyo y hazles sentir valorados.

5. Colabora con otros creadores

- **Duetos y "stitch"**: Colabora con otros creadores usando las funciones de dueto y "stitch" para llegar a sus audiencias.
- **Networking**: Conecta con otros usuarios de TikTok para planear colaboraciones y cruzar audiencias.

6. Optimiza tu perfil

- **Foto de perfil llamativa**: Usa una foto de perfil clara y reconocible.
- **Biografía atractiva**: Escribe una biografía que describa claramente quién eres y qué tipo de contenido ofreces.
- **Enlace en la biografía**: Si tienes otros canales de redes sociales o un sitio web, inclúyelo en tu biografía.

7. Usa música popular y efectos

- **Canciones en tendencia**: Usa canciones que estén en tendencia para aumentar la probabilidad de que tu video aparezca en la página "Para ti".
- **Efectos visuales**: Usa efectos visuales y filtros populares para hacer que tus videos destaquen.

8. Crea contenido original y único

- **Tu propio estilo**: Encuentra tu propio estilo y nicho para diferenciarte de otros creadores.
- **Series de videos**: Crea series de videos sobre un tema específico para mantener a los espectadores regresando por más.

9. Promociona tu cuenta en otras plataformas

- **Redes sociales**: Comparte tus videos de TikTok

en otras plataformas de redes sociales como Instagram, Facebook y Twitter.

- **Cross-promoción**: Usa otras plataformas para dirigir tráfico a tu cuenta de TikTok.

10. Analiza y ajusta

- **Estadísticas de TikTok**: Usa las herramientas de análisis de TikTok para entender qué tipos de contenido funcionan mejor y ajusta tu estrategia en consecuencia.
- **Prueba y error**: No tengas miedo de experimentar con diferentes tipos de contenido para ver qué resuena mejor con tu audiencia.

Implementando estos secretos y estrategias, puedes aumentar significativamente tus seguidores en TikTok y construir una presencia sólida en la plataforma. ¡Buena suerte!

CONCLUSIONES Y RECOMENDACIONES FINALES

Ahora que conoces los 8 secretos del éxito del marketing con TikTok, debes tomar medidas y empezar a aprovechar la plataforma para obtener los resultados que deseas. Es importante que sepas que a los usuarios de TikTok no les gusta que les vendan, así que nunca intentes promocionarles tus productos o servicios.

En cambio, desea entretenerlos y asociar la diversión con su marca. Muchas empresas lo han logrado, no solo las grandes marcas como Google y GUESS Jeans. Hay panaderos con millones de seguidores y abogados también. Todo es posible con TikTok.

Conclusiones

1. **Popularidad entre los jóvenes**: TikTok ha capturado la atención de una gran parte de la generación más joven gracias a su formato de videos cortos, herramientas creativas y una interfaz fácil de usar.
2. **Interacción y personalización**: El algoritmo de TikTok ofrece una experiencia personalizada que mantiene a los usuarios enganchados, mostrando contenido relevante y atractivo basado en sus intereses y comportamiento.
3. **Impacto cultural**: La plataforma ha tenido un impacto significativo en la cultura popular, influyendo en tendencias, música y memes que se extienden a otras redes sociales y medios.
4. **Oportunidades para creadores**: TikTok brinda a cualquier usuario la oportunidad de volverse viral y ganar seguidores rápidamente, lo que

puede llevar a oportunidades de carrera como influenciadores y creadores de contenido.
5. **Medidas de seguridad**: TikTok ha implementado diversas medidas de seguridad y privacidad para proteger a los usuarios, especialmente a los más jóvenes.

Recomendaciones Finales
1. **Participar activamente**: Para aprovechar al máximo TikTok, es importante ser activo en la plataforma. Participa en desafíos, sigue tendencias y crea contenido regularmente.
2. **Crear contenido auténtico**: La autenticidad resuena bien en TikTok. Sé genuino en tus publicaciones y muestra tu personalidad para conectar mejor con tu audiencia.
3. **Utilizar herramientas de edición**: Aprovecha las herramientas de edición, efectos especiales y música que TikTok ofrece para hacer tus videos más atractivos y profesionales.
4. **Interactuar con otros usuarios**: Comenta, comparte y colabora con otros creadores. La interacción es clave para construir una comunidad y aumentar tu visibilidad en la plataforma.
5. **Usar hashtags y participar en tendencias**: Utiliza hashtags relevantes y participa en tendencias populares para aumentar la visibilidad de tus videos y atraer a una audiencia más amplia.
6. **Seguir las normas de la comunidad**: Asegúrate de cumplir con las reglas y políticas de TikTok

para mantener una experiencia positiva y evitar problemas en la plataforma.
7. **Monetización y oportunidades de negocio**: Si tienes una base de seguidores considerable, explora las oportunidades de monetización que TikTok ofrece, como el Fondo para Creadores, patrocinios y donaciones de fans.
8. **Protección de la privacidad**: Configura tu cuenta con las opciones de privacidad que mejor se adapten a tus necesidades y utiliza las herramientas de control parental si es necesario para proteger a los usuarios más jóvenes.

Siguiendo estas conclusiones y recomendaciones, puedes maximizar tu experiencia en TikTok, disfrutar de su contenido y aprovechar sus oportunidades tanto para el entretenimiento como para el crecimiento personal y profesional.

EL CEO EN TIKTOK

EPÍLOGO

TikTok ha emergido como una de las plataformas de redes sociales más influyentes de la última década, transformando la manera en que las personas crean y consumen contenido. Desde su lanzamiento, ha revolucionado la interacción digital, permitiendo a millones de usuarios expresar su creatividad, conectar con otros y ser parte de una comunidad global dinámica.

El Impacto Duradero de TikTok
TikTok no solo ha dado forma a la cultura pop actual, sino que también ha democratizado la fama, haciendo posible que cualquier persona con un teléfono inteligente pueda convertirse en un creador de contenido influyente. Su capacidad para conectar a personas de diferentes culturas y edades a través de videos cortos y envolventes ha redefinido las fronteras del entretenimiento y la comunicación.

La Evolución Continua
A medida que TikTok continúa evolucionando, se espera que siga introduciendo nuevas funcionalidades y herramientas que enriquezcan la experiencia del usuario. Su impacto en la música, la moda, la educación y muchos otros sectores seguirá creciendo,

influenciando tendencias y comportamientos a nivel mundial.

Un Futuro Brillante

El futuro de TikTok parece brillante, con un potencial infinito para la innovación y la creatividad. La plataforma seguirá siendo un espacio donde las ideas pueden florecer, las voces pueden ser escuchadas y las comunidades pueden unirse. A medida que más personas descubren y exploran TikTok, su papel en la configuración del panorama digital y cultural del mundo se solidifica aún más.

Reflexión Final

TikTok nos recuerda el poder de la conexión humana y la creatividad en el mundo digital. Ya sea para entretener, educar o inspirar, TikTok ofrece una plataforma donde las posibilidades son infinitas y donde cada usuario tiene la oportunidad de dejar su huella. En este viaje de constante innovación y descubrimiento, TikTok seguirá siendo un testimonio del potencial ilimitado de la tecnología para unir y empoderar a las personas de todo el mundo.

APÉNDICE

Recursos útiles para nuevos usuarios de TikTok
1. **Guía de inicio**
   - TikTok 101: Cómo empezar
   - Tutoriales básicos sobre cómo crear una cuenta, navegar por la aplicación y empezar a crear contenido.
2. **Herramientas y funciones**
   - Centro de Creadores de TikTok
   - Recursos para aprender a usar las herramientas de edición, efectos especiales, y música disponibles en TikTok.
3. **Seguridad y privacidad**
   - Configuración de Privacidad
   - Guías sobre cómo ajustar las configuraciones de privacidad y utilizar las herramientas de control parental para una experiencia segura.
4. **Comunidad y participación**
   - Normas de la Comunidad de TikTok
   - Información sobre las políticas y normas que los usuarios deben seguir para mantener una comunidad segura y positiva.

5. **Monetización y oportunidades para creadores**
   - Programa de Fondo para Creadores
   - Detalles sobre cómo los creadores pueden monetizar su contenido y las oportunidades de patrocinio disponibles.
6. **Tendencias y desafíos**
   - Descubre lo último en TikTok
   - Una sección para mantenerse al día con las últimas tendencias, desafíos y contenido popular en TikTok.

Consejos adicionales para aprovechar TikTok

1. **Mantente auténtico y genuino**: La autenticidad es clave para conectar con tu audiencia en TikTok.
2. **Sé consistente**: Publica regularmente para mantener a tu audiencia comprometida y aumentar tu visibilidad.
3. **Participa en desafíos**: Unirse a desafíos populares puede aumentar tus vistas y seguidores rápidamente.
4. **Colabora con otros**: Colaborar con otros creadores puede ayudarte a alcanzar nuevas audiencias y diversificar tu contenido.
5. **Analiza tu rendimiento**: Utiliza las herramientas de análisis de TikTok para entender qué tipo de contenido funciona mejor y cómo puedes mejorar.

Preguntas frecuentes
1. **¿Cómo puedo ganar seguidores en TikTok?**
   - Publica contenido regularmente, participa en tendencias y desafíos, utiliza hashtags relevantes, y sé auténtico en tus videos.
2. **¿Cómo puedo proteger mi cuenta?**
   - Ajusta las configuraciones de privacidad, utiliza la verificación en dos pasos y mantén tu información de inicio de sesión segura.
3. **¿Qué es el Fondo para Creadores de TikTok?**
   - Es un programa que paga a los creadores de contenido en función de sus vistas y engagement. Para participar, necesitas cumplir con ciertos requisitos de elegibilidad.

Referencias
1. TikTok Help Center
2. TikTok Creator Portal
3. TikTok Community Guidelines

Este apéndice proporciona recursos y consejos útiles para maximizar tu experiencia en TikTok, asegurando que estés bien equipado para navegar y sobresalir en la plataforma.

RESEÑA DE AUTOR

Losvania Pereyra es una destacada especialista en salud y bienestar, con una pasión particular por el estudio y sus efectos en la calidad de vida. Con más de 15 años de experiencia en el campo de la medicina y la investigación, Pereyra ha dedicado su carrera a ayudar a individuos y comunidades a entender la importancia del descanso adecuado.

Graduada con honores de la Universidad Autónoma de Santo Domingo de Salud y Bienestar, Pereyra ha publicado numerosos artículos científicos en revistas especializadas y ha participado como conferencista en congresos internacionales sobre sueño y salud. Su enfoque integrador combina el rigor científico con un profundo compromiso hacia el bienestar holístico de sus pacientes y lectores.

Además de su labor clínica y académica, Pereyra es autora de varios libros aclamados sobre el sueño y la salud, incluyendo "El Punto 4: Sueño y Descanso", donde explora desde los fundamentos científicos del sueño hasta las prácticas cotidianas para mejorar la calidad del descanso. Su capacidad para comunicar conceptos complejos de manera accesible y motivadora la ha convertido en una voz respetada en su campo.

Como defensora apasionada de la salud preventiva, Pereyra continúa trabajando activamente en proyectos de investigación y educación comunitaria, con el objetivo de empoderar a las personas para que tomen control de su bienestar a través del sueño y hábitos de vida saludables. Su compromiso con la educación y la divulgación la ha llevado a ser reconocida como una líder de opinión en el ámbito de la salud y el bienestar.

EL CEO EN TIKTOK

LOS VANIA PEREYRA

EL CEO EN TIKTOK

LOS VANIA PEREYRA

www.ingramcontent.com/pod-product-compliance
Lightning Source LLC
Chambersburg PA
CBHW071840210526
45479CB00001B/223